L O U I S   D E M A N C H E

Relation de ma captivité en Espagne

1808-1810

Préface

de

GEORGES DEMANCHE

1926

RELATION DE MA CAPTIVITÉ EN ESPAGNE EN 1808, 1809, 1810

PAR

LOUIS DEMANCHE, Commissaire des Guerres

Bien que les souffrances endurées sur les pontons espagnols par les soldats de Napoléon aient déjà fait l'objet de plus d'une relation, on trouvera dans le récit de sa captivité que fait le commissaire des guerres Louis Demanche, une note de simplicité et d'originalité tout en même temps, qui donne un poignant intérêt à ses souvenirs de guerre écrits seulement pour sa famille. Témoin et acteur du grand drame de la guerre d'Espagne, il apporte à l'Histoire un document qui y trouvera sa bonne place.

Fils de Gérard-Alexandre Demanche, médecin à Reims, mort victime de son dévouement au cours d'une épidémie de typhus en 1808, et de Marie-Louise Quicheron, Jean-Louis Demanche naquit à Reims le 2 juillet 1788. Le 21 décembre 1806, il entrait au ministère de la Guerre à titre de commis au bureau de l'habillement.

Un an après, le 7 décembre 1807, il était nommé, à titre provisoire, adjoint aux commissaires des guerres, comme on appelait en ce temps l'intendance, — il n'avait alors que 19 ans — et était détaché au corps d'observation de l'Océan. Quelques mois après, le 16 avril 1808, il était affecté à l'armée d'Espagne.

Pour ses débuts militaires, il eut la mauvaise fortune de faire partie de la division Gobert, qui fut englobée dans la capitulation du général Dupont à Baylen. Tombé ainsi aux mains des Espagnols, il fut envoyé sur les pontons de Cadix. Là, après avoir été odieusement rançonné et pillé, ainsi que ses compagnons de captivité, il endura, comme eux, d'atroces souffrances, dont il fait un navrant tableau dans ses mémoires.

Enfin, à la suite de nombreuses vicissitudes, son ponton, la *Castille*, ayant rompu ses amarres et s'étant jeté à la côte, il parvint à s'échapper, ainsi que ses compagnons et, à demi-asphyxié par les flots, il fut recueilli sur la plage voisine de Cadix par les troupes du maréchal Victor après une captivité de 23 mois (16 mai 1810). Ce fut alors seulement qu'il fut titularisé comme adjoint (10 août 1810).

Ayant repris contact en famille avec cette patrie qu'il avait tant redouté de ne plus revoir, il se donna tout entier à ses laborieuses occupations d'administrateur. Après en avoir exercé les fonctions à Lyon, il fut détaché au corps d'observation de l'Elbe, sous les ordres du maréchal Davout, le 23 octobre 1811. Tombé malade à Thorn, il rentra en France et fut nommé à Paris, le 10 novembre 1810. Là, il fut chargé de présider à 26 ans une des grandes commissions de réception des fournitures de l'armée, mission de haute confiance, où il s'acquit une réputation d'intelligente activité et de sévère conscience professionnelle.

Proposé en 1813, en 1814, puis au début de 1815, pour le grade supérieur, il est seulement nommé, le 1er mai 1815, commissaire des guerres de 2e classe, à l'ancienneté. Cette nomination, faite pendant les Cent Jours, devait peser lourdement sur sa carrière. Après le retour des Bourbons, elle est annulée et Louis Demanche est replacé adjoint titulaire pour avoir été nommé par l'usurpateur et l'avoir assuré de son dévouement.

Depuis lors, malgré ses états de service, malgré les excellentes notes de ses chefs, malgré le témoignage favorable du ministre d'Etat, préfet de police, malgré l'éloge que fait de lui le commissaire ordonnateur en chef, baron Joinville, toute proposition d'avancement en sa faveur est rejetée. La veuve de Bernardin de Saint-Pierre qui s'est adressée elle-même au ministre, voit sa requête poliment écartée. Cet ostracisme a pour conséquence de faire échouer, en 1816, un projet de mariage avec la fille du grand écrivain.

Toujours en disgrâce, il épouse, trois ans plus tard, sa cousine Louise-Adèle-Alexandrine Vallé, comme lui originaire de Reims.

Enfin, c'est seulement le 22 mai 1825 qu'il est nommé sous-intendant militaire de 3e classe. Il lui avait fallu dix ans pour retrouver son grade des Cent Jours !

Après avoir exercé ses fonctions à Nancy, près de la commission mixte bavaroise et wurtembergeoise, puis à Paris, à Givet, il avait été envoyé à Brest, où il resta plus de dix ans, y remplissant avec succès des missions délicates, mais qui altérèrent sa santé.

Le 7 février 1837, il était nommé sous-intendant militaire de 2e classe.

Peu après, malgré les instances faites pour le garder, il demandait sa mise en non-activité pour infirmités temporaires, et le 15 décembre 1839, il était admis à faire valoir ses droits à la retraite.

Chevalier de la Légion d'honneur, le 24 août 1820, il avait été fait chevalier de Saint-Louis le 30 octobre 1827 et officier de la Légion d'honneur, le 5 mai 1833.

Il s'était retiré à Versailles. Il ne tarda pas à s'y faire une place distinguée, tant par ses vertus aimables et solides que par sa grande compétence en affaires et son dévouement gratuit au bien public. Membre du conseil municipal de Versailles, il devint adjoint au maire de cette ville, puis, le 14 octobre 1841, conseiller de préfecture de Seine-et-Oise.

Il ne devait pas occuper longtemps ses fonctions. Sa santé était fortement ébranlée et, le 12 novembre 1843, à l'âge de 55 ans, il succombait aux suites des fatigues d'une vie entièrement consacrée à son pays.

Louis Demanche était merveilleusement doué. Peintre à ses heures, musicien accompli, horticulteur distingué, il savait parfaitement allier ses devoirs de chef de famille aux obligations qui incombaient à son rang. Les notes de service de ses supérieurs sont toutes à son éloge et témoignent de sa haute capacité administrative, de son zèle pour la chose publique, de sa délicatesse. Esprit conciliant, d'une moralité parfaite, caractère ferme et honorable, il réunissait toutes les qualités qui constituent un administrateur distingué.

Toutes ces qualités, que ses chefs lui reconnaissaient dans leurs rapports, ne purent le relever de la disgrâce dans laquelle il était tombé à la chute du régime impérial, disgrâce qui rejaillit d'une façon déprimante sur son avenir.

De son mariage avec Mlle Vallé sont issues quatre filles.

Le dernier survivant de ses sept petits-enfants est le commandant du génie Louis Auger (1). Le patriotisme ancestral revit dans les huit enfants

(1) C'est à son obligeance que nous devons la communication du manuscrit de son aïeul.

de celui-ci, dont six ont combattu, ainsi que lui-même, dans la grande guerre. Deux y sont morts pour la France : leur aîné, missionnaire au Japon, est revenu se faire tuer à Verdun, après avoir gagné la médaille militaire; un troisième a connu à son tour, à un siècle de distance, dans les prisons de l'Allemagne, les souffrances de jeunesse de son bisaïeul, qui n'a pas à renier sa descendance.

Le nom de famille n'a pas disparu avec Louis Demanche, qui laissait deux frères. Deux autres Demanche — deux frères — les cousins de l'intendant, ont fait, eux aussi, les campagnes du Premier Empire. L'un, Augustin, si grièvement blessé à Wagram, qu'il en perdit pendant deux ans l'ouïe et la vue, est mort à 56 ans, en 1842, chef d'escadron de gendarmerie, commandant la légion du Calvados. C'est l'aïeul de l'auteur de ces lignes. L'autre, François, fait prisonnier à la capitulation de Dresde, en 1813, est mort jeune, lieutenant de gendarmerie. Tous ont bien servi leur pays, dans la paix comme dans la guerre.

Dans les *Mémoires d'un aide-major sous le Premier Empire*, leur auteur, Sébastien Blaze, qui fut retenu en captivité sur le même ponton, cite à plusieurs reprises Louis Demanche pour la noblesse de sa conduite envers ses compagnons de misère et la délicatesse avec laquelle il sut adoucir leurs infortunes.

Sébastien Blaze s'est trouvé brusquement rayé des contrôles et privé de la solde que l'on accordait aux officiers prisonniers. « Plongé dans de tristes réflexions sur mon présent et mon avenir de prisonnier, écrit-il dans ses Mémoires, je me promenais un soir sur le pont. M. Demanche m'aborda, me prit en particulier et m'adressa plusieurs questions sur les moyens d'existence que je pouvais avoir encore.

« Je jouis d'une solde assez forte, ajouta-t-il, permettez-moi de la par-
« tager avec vous. Accordez-moi la satisfaction de vous défrayer des petites
« dépenses que vous êtes obligé de faire. Venez me voir chaque fois qu'on
« nous payera. En attendant, veuillez accepter ce que vous offre votre
« ami, votre frère. »

« Il me serra la main en y laissant 2 piastres et il s'enfuit pour prévenir toute explication.

« Grâce aux soins de M. Demanche, ma situation devint plus douce. Les jours de solde, cet ami dévoué me cherchait pour m'en remettre la moitié dans la crainte qu'une fausse honte ne m'éloignât de lui. Trois mois s'écoulèrent ainsi. Ce généreux ami continuait ses bons offices avec le même empressement et le même plaisir. »

J'ai tenu à terminer cette courte notice par ce trait qui peint l'homme sous sa plus belle expression.

L.-H.-Georges Demanche.

I

Echappé aux dangers de toute nature qui ont menacé mes jours pendant ma captivité en Espagne, je veux consacrer quelques veilles à écrire mes souvenirs et donner des larmes à nos malheureux compagnons d'infortune qui ont péri victimes de la barbarie des Espagnols.

Je veux peindre tout ce que les infortunés capitulés de Baylen ont souffert dans les pontons de Cadix; je veux descendre encore dans ce séjour d'horreur, pour retracer les souffrances auxquelles nous avons été en proie pendant deux longues années qu'a duré notre captivité.

Ainsi que le matelot, après un voyage de long cours, pendant lequel il a essuyé d'horribles tempêtes, aime à décrire les pays qu'il a parcourus et les dangers auxquels il a échappé, de même appréciant le bonheur d'une vie calme et paisible, il me semble en goûter mieux encore les charmes, en reportant ma pensée sur une série d'événements aussi funestes qu'incroyables, et qui étonnent encore même après en avoir été témoin et acteur.

Je ne ferai pas le tableau de notre captivité sans parler du caractère de la nation espagnole; le portrait que j'en tracerai ne sera pas flatteur, mais il sera vrai; je n'omettrai point les traits qui pourront être à son avantage, mais aussi je rapporterai fidèlement tous les faits dont nous avons été témoins et toutes les cruautés que ce peuple s'est plu à exercer à notre égard : on aura peine à concevoir qu'une nation policée, qui se prétend grande et généreuse, ait pu méconnaître assez les lois de l'humanité, pour se conduire envers des prisonniers comme elle l'a fait avec nous, quand surtout les leurs recevaient chez nos compatriotes tous les témoignages de bienveillance et d'intérêt que le malheur doit inspirer, lorsque la captivité n'était pour eux qu'une absence de leur patrie, avec laquelle il leur était permis au moins de correspondre et de recevoir les secours qu'ils pouvaient réclamer de leurs familles. Chez aucune nation du monde policé, les prisonniers n'ont été privés de cette dernière faculté. En Espagne, dès l'instant qu'un Français tombait au pouvoir de l'ennemi, il était mort pour sa famille; plus de consolations à recevoir, plus d'espérances à donner; que de larmes ont été répandues, et qu'un seul mot eût taries, mais aucune considération, aucune pitié n'a pu nous faire obtenir cette faveur.

Pour mettre dans mon récit tout l'ordre et toute la clarté nécessaires, je dois remonter à la source de nos malheurs. La fatale capitulation de Baylen, du 16 juillet 1808, en a été l'origine; cet événement qui a eu tant d'influence sur ceux qui se sont ensuite succédé en Espagne, et qui de toute part a fait voler aux armes par la confiance qu'inspirait un succès si inattendu, fit tomber au pouvoir des Espagnols 15.000 Français environ, formant le corps d'armée de M. le général comte Dupont, et dont 6.000 pouvaient facilement se replier sur Madrid, et, se joignant à l'armée de M. le maréchal Moncey, qui se retirait de Valence, eussent peut-être pu empêcher l'évacuation de cette capitale. Mais il ne m'appartient pas de toucher une matière aussi délicate, et encore moins de dévoiler les fautes qui ont amené une semblable catastrophe : jetons un voile sur le passé, déplorons le sort des malheureux qui en ont été victimes, et laissons à des plumes plus exercées le soin de traiter un semblable sujet. Mon but n'est point d'écrire l'histoire de cette campagne, mais de raconter nos infortunes, et les miennes en particulier. Je commence donc mon récit.

Cette capitulation arrêtée le 16 juillet 1808, entre M. le général comte Dupont et les généraux espagnols Reding et Castaños, stipulait, entre autres conditions, que l'armée française serait renvoyée en France, et embarquée à différents ports de mer du midi de l'Espagne; que les officiers et sous-officiers conserveraient leurs armes, que les soldats déposeraient les leurs, afin d'éviter toute espèce de rixe entre eux et la nation espagnole, pendant leur route de Baylen aux différents ports de mer; que ces armes, ainsi que les chevaux, caissons, artillerie, et en général tout le matériel du corps d'armée, seraient embarqués également pour être rendus en France, et qu'enfin le corps d'armée n'était point prisonnier de guerre, mais qu'il avait capitulé sous la condition d'être renvoyé en France avec armes et bagages.

La remise des armes eut lieu immédiatement après la signature de ce traité; c'était le point le plus important pour les Espagnols, puisque résolus à ne point exécuter leur capitulation, ils devaient nous ôter tous les moyens de les y contraindre: néanmoins, ils feignirent d'en vouloir remplir toutes les clauses, et pour colorer leurs actions d'une apparence de sincérité, ils procédèrent à la dislocation du corps d'armée et lui firent tenir différentes routes pour se rendre aux différents ports où devait s'effectuer l'embarquement. Le corps d'armée proprement dit de M. le général comte Dupont fut dirigé sur

Cadix et environs. La division du général Gobert, à laquelle j'étais attaché et qui servait d'auxiliaire au corps du général Dupont, reçut l'ordre de se rendre à Malaga.

Les premières journées de marche n'offrirent rien de remarquable; nous voyagions en masse, les soldats sans armes, les officiers et sous-officiers seulement avaient conservé les leurs. Nous logions dans chaque gîte d'étape par billet de logement, des officiers espagnols étaient chargés de notre direction. La solde se payait avec exactitude tous les cinq jours et tout se passait avec assez d'ordre. On nous fit faire à Osuna, une halte d'un mois environ, après quoi nous reprîmes notre direction sur Malaga. C'était en automne; nous traversions des coteaux couverts de vigne, d'où pendaient des grappes d'or; des haies de grenadiers, de figuiers et d'aloès garnissaient les routes et la vigne, qui s'entrelaçait avec les branches des arbres, formait des berceaux continuels. Ces sites variés, en fixant notre admiration, offraient à notre esprit une distraction dont il avait grand besoin. Enfin, après avoir traversé les montagnes qui entourent Malaga, nous descendons dans cette ville et nous découvrons la mer qui mettait un terme à notre marche.

Quelques journées avant d'arriver à Malaga, on avait fait suivre une autre route aux sous-officiers et soldats de notre division, qui furent conduits à Puente del Rey et les officiers seuls furent introduits dans la ville. Nous comptions y être logés comme nous l'avions été pendant la route, c'est-à-dire chez les habitants, en attendant que notre embarquement pût s'effectuer. Mais à peine fûmes-nous arrivés dans cette ville que les Espagnols levèrent le masque; la dénomination de capitulés de Baylen qu'on nous avait donnée jusqu'alors, fut remplacée par celle de prisonniers français; et, en effet, on nous traita dès ce moment comme tels; l'espoir d'être rendus à notre patrie fut entièrement détruit.

Nous fûmes tous renfermés dans un vaste bâtiment qui nous servit de prison; des factionnaires, placés à chaque issue, avaient ordre de ne laisser sortir qui que ce soit et cette garde contre laquelle nous nous étions récriés d'abord, nous fut ensuite d'un grand secours.

Un Français, nommé de Mortemar, au service d'Espagne,

fut chargé de notre inspection et de tout ce qui était relatif aux prisonniers français; il n'est sorte de vexations qu'il n'ait imaginées pour rendre notre position plus pénible; l'argent seul donnait accès auprès de lui, et cet homme, d'illustre famille, n'a pas rougi de mettre à contribution ses compatriotes malheureux et dénués de toutes ressources.

La maison où nous étions renfermés, située à l'extrémité de la ville, faisait face à l'ancien château construit par les Maures; les remparts de cette forteresse descendent jusqu'à la mer; à notre droite étaient la ville et le port. Du haut de la maison nous apercevions les vaisseaux en pleine mer, et au soleil levant ou couchant, nous découvrions les côtes d'Afrique. Un jardin, attenant à cette maison, nous servait de promenade, et si quelques-uns d'entre nous purent obtenir de visiter la ville, ce ne fut qu'à prix d'argent.

Une Française établie à Malaga fut chargée de pourvoir à notre nourriture, et notre solde passait de nos mains dans les siennes.

Tous les dimanches, un détachement de troupes nous conduisait à la messe, le soir le peuple se réunissait sous nos fenêtres et nous adressait les injures les plus grossières.

Les journaux nous étaient défendus; nous n'avions de nouvelles des armées françaises que celles qui nous étaient débitées. Nous apprîmes que le général Reding, avec lequel nous avions capitulé, venait d'arriver à Malaga : aussitôt une pétition, signée de tous les officiers principaux, lui est adressée pour réclamer l'exécution de la capitulation. Cette démarche n'obtient aucun résultat, et notre captivité n'a plus de terme.

Une nuit, nous sommes réveillés par les cris d'une multitude rassemblée; au même instant chacun de nous est sur pied; nous apprenons que la prison est cernée, que le peuple veut la forcer, et que notre massacre est le but de cette émeute. La garde fait bonne contenance, l'entrée de notre prison est défendue et nous échappons au sort qui nous était réservé.

Peu de temps après, nous apprîmes la funeste catastrophe de Lebrija; nos malheureux compagnons d'armes qui, comme nous, se trouvaient renfermés dans cette ville, tombèrent tous sous le couteau des Espagnols, un seul s'est échappé; cet officier, que nous retrouvâmes ensuite sur les pontons, nous raconta les circonstances de cette sanglante tragédie; les détails en font frémir d'horreur; jamais la nation espagnole ne se lavera de ce crime atroce. La manière dont cet officier fut sauvé mérite d'être connue.

Les victimes de cet événement furent les officiers et sous-officiers d'un des régiments provisoires de dragons qui faisaient partie du corps d'armée du général Dupont; ils étaient depuis plusieurs mois renfermés à Lebrija dans un couvent qui leur servait de prison. Le chirurgien du corps avait obtenu la faculté d'exercer son état et il donnait des soins à quelques habitants de la ville.

Un jour, il rentre tout consterné près de ses camarades et leur annonce le danger qui les menace; en traversant la ville, il avait aperçu des groupes multipliés, la rage était peinte sur la figure des habitants et tout annonçait des projets sinistres. Ces pressentiments lui sont confirmés par l'Espagnol chez lequel il se rendait; il apprend que le lendemain est le jour fixé pour le massacre de tous les officiers français, et en effet, il y eut ce jour-là même un soulèvement général dans toutes les villes où se trouvaient des prisonniers.

A cette nouvelle, chacun vole aux armes et se promet de vendre chèrement sa vie; les uns veulent qu'on se défende dans la prison et qu'on y soutienne l'attaque des assaillants; les autres, et le plus grand nombre, prétendent qu'ils auront plus d'avantages en plaine et que de cette manière il leur restera la faculté de se replier sur un cantonnement voisin pour se réunir à d'autres prisonniers; ce dernier avis est adopté, on sort en ordre du couvent. Des sabres et des épées sont les seules armes qui restaient; l'on se rend hors de la ville; à peine en est-on sorti que toute la population de Lebrija et celle des villages voisins viennent fondre sur ces malheureux en poussant des hurlements de rage; les Français se défendent avec valeur, mais, accablés par le nombre, ils tombent sous les coups de ces forcenés. Dans le tumulte, un de ces infortunés monte sur un olivier; il voit massacrer jusqu'au dernier de ses frères d'armes, lui seul échappe. Abreuvés de sang ces cannibales abandonnent le champ de carnage et n'imaginent pas qu'il leur manque une victime. Mais que deviendra ce malheureux ? A combien de cruelles réflexions est-il livré ? Où aller, où se cacher ? Il a échappé à la mort, mais pour en trouver une, peut-être cent fois plus cruelle encore. Livré à toutes ces angoisses, il se décide à attendre que la nuit vienne voiler ces horreurs.

Enfin, à la chute du jour, il aperçoit de loin sur la route deux individus qui se rendaient à Lebrija; il ne voit point d'autre parti à prendre que de se rendre à eux et de mettre sa vie entre leurs mains. La Providence veillait sur lui; ses jours sont en sûreté; un de ces hommes est l'alcade de Lebrija; le peuple avait profité de son absence pour assouvir sa rage sur les prisonniers français. L'alcade frémit d'horreur au récit de cette scène sanglante; il emmène cet officier, le conduit dans son habitation et le fait transférer ensuite à un dépôt de prisonniers qui se trouvait voisin de Lebrija.

La commotion que cet officier éprouva pendant cette journée fut telle que ses cheveux et sa barbe blanchirent au même instant. Mais revenons à Malaga et continuons notre récit.

Echappés au danger qui nous avait menacés, nous tremblions à la crainte d'une nouvelle tentative; mais, dès ce jour, le poste qui nous gardait fut renforcé et notre vie fut en sûreté.

Au mois de décembre, on nous annonça que nous allions quitter Malaga, pour nous rendre à Guadix, près de Grenade. Cette nouvelle fut reçue avec joie. Dans le malheur, un changement fait espérer une amélioration, nous ne pensions pas pouvoir être plus mal ; la suite nous prouva que nous nous étions trompés dans nos espérances.

Le jour du départ arrivé, nous quittons Malaga et nous suivons le chemin de Grenade, escortés par un détachement de troupes espagnoles.

La route, en sortant de Malaga, est garnie d'orangers qui présentent le plus beau coup d'œil ; les branches étaient chargées de fruits et pliaient sous leur poids ; ces pommes d'or nous représentaient le jardin des Hespérides , à droite et à gauche de la route, étaient des plantations de cannes à sucre et de coton ; ces plantes réussissent on ne peut mieux dans cette partie de l'Andalousie, cette terre peut être appelée la terre promise et des mains laborieuses en feraient un paradis terrestre.

Arrivés à Santa-Fé, petite ville construite par Isabelle, lors du siège de Grenade, on nous apprend que nous allons changer de direction et qu'une méprise de nom nous a fait à tort diriger sur Grenade ; ce n'était point à Guadix, que nous devions être transférés, mais à Cadix. Nous restons deux jours à Santa-Fé : de cet endroit, on aperçoit Grenade et cette belle vallée arrosée par le Xénil, qui fut le théâtre de combats sanglants ; nous éprouvâmes de vifs regrets de ne pouvoir visiter cette ville fameuse par les monuments qu'y ont construits les Maures et qui attestent son ancienne splendeur.

Notre séjour à Santa-Fé fut remarquable par une circonstance qui indiquera la disposition des habitants à notre égard.

Nous étions logés quatre dans une maison, couchés tous dans la même chambre, qui était contiguë à celle qu'occupait le propriétaire et sa famille. Au milieu de la nuit l'un de nous entend un jeune enfant qui demande à son père : « Mi padre, a que hora los mataremos, estos Franceses ? — Mon père, à quelle heure les tuerons-nous ces Français ? » Cet avertissement nous mit bientôt sur pied et nous fîmes sentinelle ; mais, soit que ces gens n'eussent réellement pas le projet de nous massacrer, soit qu'ils y eussent renoncé, en nous sachant sur nos gardes, la nuit se passa sans qu'il nous arrivât rien de funeste.

Le lendemain, nous continuâmes notre route et la colonne se dirigea sur Xérès. Partout où nous passions, le peuple se portait à notre rencontre et nous vomissait des injures ; souvent même nous étions assaillis par des pierres; hommes, femmes et enfants, c'était à qui exprimerait sa haine en termes énergiques ; pour nous mettre à l'abri de la fureur du peuple, les alcades des villes où nous passions nous faisaient renfermer dans des granges ou dans des écuries ; c'est ainsi que nous fûmes traités pendant notre route. Enfin, nous arrivons à Xérès, ville importante et fameuse par ses vins, si renommés en Europe. On nous conduit dans un ancien couvent, et là, on nous annonce que nous ne pouvons plus garder nos armes ; on nous invite à en faire la remise. Cet ordre excite une violente rumeur parmi nous, mais enfin obligés d'obéir à la force nous déposons nos épées. Nous étions loin de prévoir le but où tendait cette mesure, il s'agissait de nous enlever de peu d'argent que nous possédions, et cette précaution fut jugée nécessaire.

Etre dépouillé sur le champ de bataille, c'est le sort de tout prisonnier ; mais, sur la foi d'une capitulation, six mois après l'événement, se voir enlever les deniers sur lesquels on comptait pour se préserver de la misère, c'est le comble de l'infamie, ou plutôt, c'est la conduite que les Espagnols ont constamment tenue à l'égard des prisonniers français.

Les Espagnols voulant nous faire considérer la prise de notre argent comme un dépôt, donnèrent à cette opération une apparence de régularité. On nous demanda d'abord une déclaration, par écrit, des sommes dont nous étions porteurs ; ensuite le corregidor, accompagné des autorités civiles et militaires, se réunirent et on nous invita à passer un à un dans la salle où devait s'exercer légalement ce brigandage.

Cette fouille s'exécuta donc et avec toute l'humiliation et toute l'indécence imaginables. On aura peine à croire tous les genres de vexations qu'on nous fit essuyer : des soldats, placés dans cette salle, nous obligent à nous dépouiller de tous nos vêtements ; la chemise seule est réservée ; chaque partie de notre habillement passe entre les mains des hommes préposés à cette infâme opération et ne nous sont rendus qu'après le plus scrupuleux examen ; les femmes de nos officiers sont également soumises à cette odieuse perquisition, et des femmes, chargées de cet office, poussent l'infamie jusqu'à porter la main dans les parties du corps les plus secrètes. L'argent qui nous est enlevé est inscrit sur un registre, afin, nous dit-on, que ces sommes puissent nous être rendues à notre délivrance.

Comme je l'ai dit plus haut, l'on était introduit un à un dans cet infâme repaire ; la fouille terminée, on était conduit dans un grenier ; de là, nos camarades qui étaient passés les premiers, nous avaient fait comprendre, par signes, que la perquisition était des plus sévères et que rien n'échappait à leurs avides recherches. Le malheur et la nécessité rendent ingénieux, mais les moyens étaient bornés, néanmoins quelques-uns de nous parviennent encore à leur soustraire quelque chose.

Un soldat du 95e régiment offrit à plusieurs officiers de sauver une partie de ce qu'ils possédaient ; 60 napoléons lui ont confiés, il en avale 30 et cache les 30 autres dans l'anus; ce fait peut paraître incroyable, mais il a eu plus d'un témoin; l'or fut sauvé et rendu à ses propriétaires. Ce soldat n'éprouva aucun accident de sa témérité.

Un de ses camarades cache son faible trésor dans une volaille qui devait servir de provision pour la route ; d'autres sauvèrent dans du pain le peu qui leur restait. Ce fut le moyen dont je me servis. Je parus devant ces brigands, mon morceau de pain à la main, je le déposai sur une table pour quitter mes vêtements ; quelques pièces d'argent que j'avais laissées à dessein dans mes poches me furent enlevées et, en sortant, je repris mon pain en bénissant l'heureuse inspiration qui m'avait sauvé le peu d'or sur lequel je fondais toutes mes espérances ; mais, hélas ! je ne m'attendais pas que, quelques jours plus tard, j'en serais privé par une autre fouille que nous ne devions pas prévoir.

Cette opération terminée, l'on nous fait continuer notre route sur Cadix ; nous arrivons à Puerto Real, qui devait être le terme de notre course. On nous enferme dans un vaste bâtiment et, là, nous sommes totalement dévalisés : ce qui avait échappé aux premières recherches est enlevé : argent, montres, bijoux, tout ce qui présentait une espèce de valeur, est accaparé par ces brigands, qui insultaient encore à notre misère.

(A suivre.)

RELATION DE MA CAPTIVITÉ EN ESPAGNE EN 1808, 1809, 1810

PAR

LOUIS DEMANCHE, Commissaire des Guerres

(Suite)

II

On nous fait ensuite descendre dans les différentes embarcations qui avaient été rassemblées pour nous conduire à notre prison flottante ; du port, nous apercevions ces affreux pontons où déjà étaient renfermés un grand nombre de nos malheureux compagnons d'infortune.

Au bout d'une heure environ, nous eûmes atteint le ponton *la Castilla* qui avait été réservé uniquement pour les officiers. Nous y fûmes reçus avec joie par nos camarades du même corps d'armée qui nous y avaient précédés; y retrouver des Français était une consolation qui nous fit oublier les maux que nous avions soufferts ; hélas ! que nous étions loin de prévoir ceux qui nous étaient encore réservés !

Chacun de nous retrouva un ami ; nous fûmes bientôt répartis dans les différents ponts du bâtiment et les faibles provisions du bord nous furent offertes et partagées.

L'insouciance, ou plutôt la barbarie des Espagnols, nous faisait renfermer dans ces pontons où rien n'avait été disposé pour recevoir des prisonniers : point de vivres, pas un hamac, point de paille pour se reposer ; privés des faibles ressources qui auraient pu nous mettre à même d'adoucir notre position, nous étions réduits à nous étendre sur le plancher, couchés les uns à côté des autres, hommes et femmes, sans aucune séparation. Le lendemain, au point du jour, nous montons sur le pont et nous apercevons les différents pontons où se trouvaient nos soldats. Ce spectacle de la rade fixa notre attention ;

au Nord, notre vue était bornée par le Puerto Real et, au Levant, nous découvrions la Caraque, Chiclana et, dans le lointain, Medina Sidonia ; au Midi, la isla de Leon, le quartier San Carlos, qui fut ensuite transformé en hôpital et, au couchant, la jetée qui conduit de la isla de Leon à Cadix, le fort de Puntales et Cadix.

La rade était alors couverte d'un grand nombre de bâtiments, tant vaisseaux de guerre que vaisseaux marchands ; la baie où se trouvaient nos pontons, n'était occupée que par eux et par des chaloupes canonnières qui, placées de distance en distance, formaient la garde des prisonniers. C'est dans huit pontons qu'étaient renfermés et que gémissaient 10.000 à 12.000 Français victimes de la mauvaise foi des Espagnols, et c'est dans les flots de cette rade qu'un grand nombre y trouva la sépulture.

Une barque était chargée d'apporter les vivres pour chaque ponton ; la nourriture consistait en garabenços, ou bled de Turquie, du lard, de la mauvaise viande, du riz et du pain. La distribution se faisait tous les matins par ordinaire, chacun recevait sa ration ; on entourait la viande d'un morceau de bois qui portait le numéro de l'ordinaire. Une marmite commune servait à la consommation du bord. Chacun y portait sa portion et, aux heures des repas, on venait, par ordre de numéro, se présenter à la marmite et recevoir, dans un baquet de bois, sa portion en viande et en légumes.

Nous vécûmes de cette manière pendant un mois ; nous reçûmes ensuite une solde avec laquelle nous devions pourvoir à notre nourriture. Il fut alloué par jour 2 pécettes (deux francs) à tous les officiers subalternes jusqu'au grade de capitaine inclus ; les officiers supérieurs recevaient une piastre (5 francs). La solde des officiers subalternes était totalement absorbée par la cherté des vivres. Cette fourniture avait été mise en adjudication, et l'Espagnol qui l'avait obtenue nous faisait payer les denrées le double de leur valeur. La barque de provisions venait à bord tous les deux jours, le marché était établi sur le pont et le chef de chaque ordinaire y faisait ses emplettes. Chacun à tour de rôle était caporal de semaine pour sa table et il était chargé, pendant ce temps, des achats et de la cuisine. Les domestiques, que quelques-uns avaient pu conserver, nous secondaient dans ces détails et au bout de quelque temps nous étions parvenus, du moins les officiers supérieurs, à avoir une table assez régulièrement bonne. On déjeunait à dix heures et l'on dînait à quatre ; le reste du temps était employé par le jeu ou par la promenade ; on concevra facilement ce qu'une pareille existence devait avoir de cruel; à combien de tristes réflexions l'on était livré, et quelle influence ce genre de vie devait exercer sur le caractère de chaque individu. Aussi l'irritabilité était arrivée à un point tel, que pour le moindre sujet on se querellait avec aigreur.

Au moyen de quelques économies sur la solde, chacun de nous put se procurer un hamac ou un très mince matelas. Tous les recoins du vaisseau étaient occupés, depuis la cale jusque sur le pont, il n'y avait pas une place vacante ; entassés les uns sur les autres, il était impossible de faire un mouvement sans se coudoyer.

Dans une élévation de cinq pieds et demi, hauteur ordinaire des entreponts, trois personnes étaient étagées l'une sur l'autre; la première sur le plancher, la seconde sur un hamac, la troisième sur un hamac plus élevé ; aussi les émanations de tant de personnes renfermées, jointes aux exhalaisons de la cale, rendirent ce séjour tellement malsain, qu'il se manifesta bientôt à bord une maladie épidémique, le typhus. Elle s'annonçait par un grand mal de tête, auquel succédait un abattement total ; en deux ou trois jours, on succombait ; plusieurs de nos camarades tombèrent raide mort en montant sur le pont ; les miasmes commençaient déjà à devenir plus dangereux, les hommes robustes étaient les premiers attaqués, la maladie prenait de plus en plus un caractère alarmant, l'effroi s'empara des esprits, la mort nous moissonnait ; l'homme aujourd'hui le mieux portant, périssait le lendemain et, privés de toutes espèces de secours, nous ne pouvions plus espérer d'échapper au fléau. Ce séjour devenait de jour en jour plus horrible, nous le regardions comme devant être notre tombeau ; sans doute les Espagnols n'ayant pu exécuter le massacre de tous les prisonniers, comptaient sur le séjour des pontons pour consommer cette œuvre de scélératesse.

Enfin, le mal augmentant, le nombre des morts augmentait aussi, et les Espagnols ne venant point enlever les cadavres de nos camarades, nous étions obligés de les jeter à la mer. Les pontons occupés par nos soldats offraient le même tableau de désolation ; la mortalité y était encore plus forte ; sur l'*Argonaute*, entre autres, il y mourait pendant un temps, quinze et seize hommes tous les jours. Un chef de bataillon du 111e régiment, voulant porter quelques secours à ses malheureux soldats, obtint la permission d'aller les visiter ; il y fut. Le récit qu'il nous fit de leur misère était déchirant, ce n'étaient plus des hommes, c'étaient des squelettes ambulants. Ce brave officier fut victime de son zèle ; le surlendemain, il fut attaqué de la maladie du bord, et peu de jours après il périt.

La mortalité étant générale sur tous les pontons, en peu de temps la rade fut couverte de cadavres, que les marées emmenaient et ramenaient tour à tour ; ce fut à un tel point que, pendant plusieurs mois, on défendit à Cadix de manger du poisson.

Les Anglais, dont les vaisseaux occupaient en grande partie la rade de Cadix, ne purent soutenir plus longtemps ce spectacle d'horreur. On nous envoya l'ordre de ne plus jeter les cadavres à la mer ; et, en même temps, on enjoignit aux Espagnols d'envoyer chaque jour chercher à bord les cadavres qui s'y trouvaient ; on nous annonça en même temps que sous peu un hôpital serait destiné aux prisonniers malades, qu'un médecin espagnol viendrait visiter les pontons et désigner les hommes qui devraient être conduits à terre. Cette nouvelle fut reçue avec joie ; nous y trouvions un adoucissement à nos maux et l'image de la mort ne se présentait plus à nous sous des couleurs aussi sombres. Des officiers anglais vinrent nous visiter ; ils ordonnèrent quelques mesures de sanitisation (assainissement). En peu de temps la maladie qui avait moissonné tant de nos camarades, perdit de son caractère épidémique, et la gaîté reparut sur le ponton, car tel est le caractère français, qu'au milieu des plus grands maux, il conserve cette vivacité d'esprit qui lui fait supporter sa misère avec courage.

En effet, au bout de quelques jours, nous vîmes arriver la barque qui devait transporter à terre et les morts et les mourants ; tous les jours, elle venait faire sa tournée ; une longue corde, attachée au gouvernail, laissait flotter sur les eaux les corps de nos malheureux compatriotes ; arrivée à chacun des pontons, le nombre en augmentait, et lorsqu'on en venait au dernier, nous comptions souvent vingt et trente cadavres attachés les uns auprès des autres. Je laisse à penser ce qu'un semblable spectacle avait d'horrible. Aussi avions-nous surnommé cette embarcation, la barque à Caron, et jamais titre n'eut une plus juste application.

Néanmoins, cette mesure fut d'un grand secours ; nous n'étions plus condamnés à périr sans recevoir de soulagement; beaucoup de nous furent à l'hôpital et y recouvrèrent la santé; les soldats, ruinés par le manque d'une nourriture saine, succombaient et peu revenaient à leur ponton. Quand la barque nous ramenait quelques officiers rétablis, le retour était un jour de fête ; ils étaient accueillis, entourés et pressés par tous les camarades.

Nous dûmes à l'établissement de cet hôpital, la faculté de nous procurer quelques journaux espagnols, mais ce ne fut qu'à prix d'argent. En général, l'Espagnol résiste peu à cet appât, et le médecin chargé de la visite des pontons nous en fournit un exemple. Les peines les plus sévères étaient prononcées contre quiconque procurerait des journaux aux prisonniers français ; quoi qu'il en fût, nous parvînmes à déterminer notre docteur, et deux piastres, c'est-à-dire dix francs, fut le prix fixé pour chaque journal qui nous serait apporté. Une souscription fut ouverte parmi les officiers supérieurs, et l'avidité qu'on éprouvait de connaître le sort de nos armées, la fit bientôt remplir. Chaque gazette était apportée avec exactitude, et la somme convenue, et souvent même des gratifications, étaient le salaire de cet honnête médecin. La lecture s'en faisait en présence de ceux de nos camarades que la grande chambre pouvait contenir ; ceux qui n'avaient pu y assister, étaient instruits du contenu par le rapport de ceux qui l'avaient entendue.

Le silence le plus profond régnait dans la salle au moment de cette lecture ; chaque passage était étudié et commenté ; nous suivions la marche de nos armées et un succès remporté par les Français nous faisait oublier tous les maux attachés à notre situation. Fiers de notre titre de Français, nous partagions la gloire de nos armées et chaque victoire annoncée était un jour de fête pour le ponton ; ce jour-là, on buvait un coup de plus à la santé de nos braves frères d'armes, et des vœux pour notre prochaine délivrance étaient adressés au ciel. La gaîté se ranimait, souvent même des danses terminaient la journée, et les Espagnols, stupéfaits, ne pouvaient concevoir comment, au sein du malheur, nous conservions encore un caractère aussi joyeux.

L'arrivée de nouveaux prisonniers faisait quelquefois diversion à la monotonie de notre existence ; à peine le nouveau venu avait-il mis le pied sur le bord, qu'il était entouré, emmené dans la grande chambre et assailli de questions ; à peine lui laissait-on le temps de reprendre haleine pour y satisfaire ; le récit de ses propres infortunes, les circonstances qui avaient accompagné sa capture, tout intéressait également ; en même temps une collecte était faite en sa faveur, car la plupart des prisonniers arrivaient à bord sans argent, et quelquefois sans vêtements ; ce premier secours les mettait à même de se procurer un hamac et les objets de première nécessité.

III

Ennuyé de mon séjour sur le ponton et atteint d'une légère affection scorbutique, je voulus aller passer quelques jours à l'hôpital de la Isla de Leon et jouir du bonheur de sentir la terre sous mes pieds ; deux piastres mises dans la main du médecin me firent compter au nombre des malades ; arrivé dans cet établissement, j'obtins une chambre particulière que je partageai avec un major de mes amis, M. Estève, commandant un des régiments de la ville de Paris (aujourd'hui maréchal de camp). Dans tout autre circonstance, ce séjour m'eût paru horrible, mais celui des pontons était tellement affreux, que celui-là me paraissait encore préférable.

Cet hôpital était établi dans un vaste bâtiment nommé quartier Saint-Charles ; les malades y étaient assez bien soignés, les officiers avaient des salles distinctes, des médecins espagnols faisaient le service de cet hôpital et des aumôniers donnaient aux malades les secours spirituels. Deux ou trois cours servaient de promenade, la terrasse qui couvrait tout le bâtiment était accordée à quelques officiers, c'était une faveur spéciale.

Ce fut pendant le temps que je passai à cet hôpital que les

Français, après la bataille de Medina-Sidonia, s'approchèrent jusqu'au canal de Santi-Petri, qui n'est éloigné de la Isla de Leon que d'une demi-lieue environ. Nous fûmes témoins de la déroute de l'armée anglaise et espagnole ; elle rentra dans un désordre complet, derrière les retranchements établis tout le long du canal : et si l'armée française l'eût poursuivie, Cadix tombait alors en son pouvoir. Mais revenus de leur première terreur, les Espagnols établirent batterie sur batterie, et la Isla, défendue naturellement par les marais qui l'entourent, devint imprenable ; la jetée qui conduit ensuite à Cadix, ayant été coupée en plusieurs endroits, rendait la prise de cette ville impossible. Aussi était-ce avec raison que le général Marescot disait, ainsi que je lui ai entendu plusieurs fois répéter, qu'il aimerait mieux à faire le siège de Gibraltar que celui de Cadix.

Dès ce moment, la jouissance de la terrasse nous fut enlevée et nous fûmes surveillés de plus près. Je fus le seul qui obtins une espèce de liberté et la possibilité de sortir de l'hôpital, mais sous la conduite d'un Espagnol. Voici à quoi je dus cette faveur.

Le désœuvrement du ponton nous faisait chercher les moyens de tuer le temps ; un de mes amis qui peignait la miniature, me proposa de me donner les premières leçons ; ayant pu me procurer des couleurs et des pinceaux, cette étude devint mon occupation journalière ; les difficultés ne me parurent pas aussi grandes que je l'avais craint et en peu de temps je fus à même de faire des portraits ; à peine en avais-je terminé un, qu'un second était commencé, et je dus à ce délassement de sentir peut-être moins vivement encore l'horreur de notre situation. Ce faible talent me devint plus tard d'un grand secours, la suite de ce récit le fera connaître.

Pour en revenir donc aux faveurs que j'obtins pendant mon séjour à l'hôpital, ce fut, comme je le disais, à mes pinceaux que j'en fus redevable. Le directeur de cet établissement informé de mon talent bien faible, mais qui paraissait aux Espagnols d'un mérite distingué, me pria d'entreprendre son portrait ; je fus assez heureux pour réussir au gré de ses désirs et, dès ce moment, ma réputation fut établie. Ce directeur avait, dans la Isla, une maîtresse dont il désirait avoir le portrait; mais comme elle vivait avec sa mère, il fallut user de ruse pour avoir ce qu'il souhaitait. Il proposa donc à la mère de faire faire pour elle le portrait de sa fille, et en même temps, après m'avoir mis au courant de ses amours, il me pria de faire sous le plus grand secret, une copie de ce portrait qui devait rester en sa possession. J'accédai avec empressement à cette demande, dans l'espoir que l'espèce de liberté dont cette circonstance allait me faire jouir, me faciliterait les moyens de m'évader, espérance que j'avais conçue en venant à cet hôpital et qui s'était augmentée par l'approche de l'armée française, dont nous n'étions alors qu'à une lieue environ.

Je fus donc bientôt présenté à la belle maîtresse de mon directeur. Cette femme, toute jeune encore, offrit à mes yeux tout ce que les Andalouses ont de séduisant ; des yeux noirs, pleins d'expression, des traits réguliers, une taille divine, un pied formé par les amours ; j'oubliais en la voyant tous les maux de la captivité et je rendis grâce à mes pinceaux du bonheur dont j'allais jouir...

Ce portrait terminé, je fis ensuite celui d'un des aumôniers de l'hôpital. Un chirurgien français, prisonnier comme moi à la Isla, le traitait pour une maladie bien commune en Espagne et apportée du Nouveau-Monde comme une punition des horreurs qui y furent commises.

Mais, revenons aux événements qui se passèrent alors et qui amenèrent notre départ de la Isla.

Peu de temps après la rentrée de l'armée anglaise, par suite de la déroute dont j'ai parlé plus haut, les Français s'emparèrent du Puerto Real, et bientôt de toute la côte qui entoure la rade de Cadix, depuis Chiclana jusqu'à Rota. Ce fut alors que l'on s'occupa sérieusement de former le siège Cadix. Cette circonstance fit juger nécessaire la suppression de l'hôpital de la Isla et la translation des malades à bord d'une frégate, qui devait servir d'hôpital, nous fut annoncée comme prochaine. Effectivement, peu de jours après, on nous signifia l'ordre d'évacuer la Isla, et nous fûmes conduits au milieu d'une haie de soldats, jusques au bord de la mer, où des embarcations avaient été préparées pour nous conduire à notre nouvelle destination.

Il se trouvait parmi nous quelques officiers mariés qui, sans être malades, avaient obtenu la permission de séjourner à l'hôpital ; cette circonstance faillit nous devenir funeste. Chacun était descendu dans les embarcations, nous n'attendions plus que le moment de mettre à la voile, quand l'officier commandant de l'escorte qui nous avait accompagnés, et qui bordait en ce moment le parapet, ordonna que toutes les femmes quittassent leurs maris et se rendissent dans une même embarcation. Cet ordre excita bientôt une grande rumeur ; les femmes, effrayées, se refusèrent à obéir, et personne ne bougeait. Nous cherchions à expliquer les motifs de cette conduite, le voisinage des Français en fut sans doute la cause ; les Espagnols craignaient qu'au milieu de la traversée, nous ne fissions main basse sur les matelots et que, nous emparant du gouvernail, nous ne nous dirigeassions sur Puerto Real : au moyen de l'ordre qu'ils donnaient, ils présumaient, et avec raison, que les officiers n'abandonneraient point leurs femmes, et que, par conséquent, notre évasion n'était pas à craindre.

L'ordre donné ne s'exécutant pas, un soldat descend dans l'embarcation, il s'emporte, jure et frappe la femme d'un de nos camarades : son mari, indigné, s'élance et répond au soldat par un grand coup de poing, celui-ci saisit son fusil, l'arme et couche en joue l'officier ; me trouvant près du soldat, je le prends à bras-le-corps et l'empêche de tirer. Croyant qu'on veut le désarmer, il se retourne, me frappe au milieu du visage, et me jette à la renverse ; au moment où je me relève, je vois dirigés sur mois tous les fusils des soldats qui garnissaient le parapet, et l'officier qui s'avance, l'épée nue, pour me l'enfoncer dans la poitrine, quand, heureusement, le soldat s'écrie : « Ce n'est pas lui qui m'a frappé ! » A ces mots le tumulte cesse, et j'échappe à la mort qui me menaçait ; une seconde de plus, c'était fait de moi, et la vie d'un de mes camarades me coûtait la mienne.

J'appris ensuite qu'au moment où je prenais à bras-le-corps le soldat pour l'empêcher de tirer, un des hommes de garde avait déjà levé le bras pour me plonger la baïonnette de son fusil dans le dos ; mais que mon domestique, qui se trouvait auprès de moi, l'avait arrêté assez à temps pour empêcher la pointe d'arriver jusqu'à moi, et qu'il ne dut son salut qu'au moine espagnol dont j'avais fait le portrait, et qui était témoin de cette scène, l'avait pris sous son manteau et mis à couvert de tout danger.

Enfin, le calme s'étant rétabli, nous mîmes à la voile, et dans une heure nous eûmes rejoint la frégate où déjà les soldats malades avaient été transférés.

Ce bâtiment était plus rapproché de la côte que les autres pontons, et l'espérance d'exécuter là ce que je n'avais pu réaliser étant à l'hôpital, me fit supporter avec courage l'horreur qu'inspirait ce séjour. Qu'on se figure, en effet, l'intérieur de ce ponton occupé par deux cents malades ; l'odeur infecte qui y régnait, les plaintes et les gémissements des malheureux mourants, les cadavres qui souvent restaient plusieurs jours sur le pont sans qu'on vint les enlever, à un tel point que j'en ai vu jusqu'à seize amoncelés les uns sur les autres ; la putréfaction qui rendait leur approche insoutenable, l'impossibilité de rester dans les entreponts à cause de l'odeur qui en chassait, l'image de la mort présente de tous les côtés, et l'on aura une idée exacte d'un ponton servant d'hôpital.

C'est cependant au milieu de ce séjour de désolation, qu'une jeune femme, épouse d'un capitaine, accoucha d'un enfant conçu dans le malheur ; couchée sur un seul matelas, n'ayant que ses vêtements pour se mettre à l'abri des regards, point de nourriture saine pour réparer ses forces, entourée des miasmes les plus dangereux, telle fut la position de cette infortunée. Il faut que le malheur donne du courage et de nouvelles forces, car en peu de temps elle fut rétablie et son enfant, nourri par elle, vécut au milieu de la mort.

Dévoré du désir de recouvrer ma liberté, nuit et jour je rêvais aux moyens d'y parvenir. Je mesurais des yeux la distance qui me séparait de la terre, et consultant plus mon courage que mes forces, je voulais la franchir à la nage ; mais la crainte d'être surpris au milieu de ma traversée par les chaloupes de ronde, venait suspendre l'exécution de mon projet. Souvent, apercevant quelque embarcation mouillée près de notre bâtiment, nous voulions nous en emparer pendant la nuit et faire voile pour un des ports occupés par l'armée française. Ce dernier projet nous souriait beaucoup, mais toujours quelques obstacles venaient s'opposer à son exécution. Enfin, je crus qu'en promettant une forte récompense, je parviendrais à gagner le patron de la barque, qui transportait les malades des autres pontons à notre frégate. Ce projet me paraissait le plus raisonnable et je m'y arrêtai. Un jour que ce patron arrive à bord, je cherche à sonder ses dispositions et je lui offre 10 onces (800 francs) s'il veut me jeter sur la côte.

Cet homme paraît bien accueillir ma proposition : nous convenons du jour et de l'heure auxquels il viendra me prendre; plein d'espérance, je me livre au bonheur que me faisait éprouver l'approche de ma délivrance, quand, au jour convenu pour ma fuite, je vois arriver près de nous une chaloupe chargée d'hommes armés, commandée par un officier et conduite par mon patron ; tous deux montent à bord, l'officier vient à moi, m'ordonne de le suivre et d'emporter les effets que je pouvais avoir ; je vis bientôt que j'étais vendu et que mon projet de fuite avait été découvert. Comme il fallait obéir, je descendis dans la chaloupe et, au bout de quelques instants, je fus conduit au chebeck commandant, où à peine arrivé, on fit la visite la plus scrupuleuse de mes effets, qui consistaient alors dans quelques hardes renfermées dans un portemanteau, et ma petite boîte de couleurs contenant mes pinceaux, des ivoires et quelques miniatures. On ne s'en tint pas à cette recherche et mes vêtements passèrent ensuite à un examen sévère. Le commandant du chebeck fut surpris de ne pas trouver d'or sur moi. Toute cette scène se passait sans pouvoir arracher une parole de mes gardiens, ni savoir pour quels motifs on m'avait enlevé de la frégate. Je reconnus dans cette conduite la dissimulation des Espagnols et je vis bien qu'il fallait me résigner à supporter patiemment toutes leurs vexations.

Cette recherche terminée sans les résultats auxquels ils s'étaient attendus, on me fit redescendre dans la chaloupe qui m'avait amené à bord du chebeck, et après avoir questionné en vain mes conducteurs sur la destination qui m'était réservée, nous arrivons près d'une chaloupe canonnière où on me fait entrer ; à peine y avais-je mis le pied qu'un des matelots de l'équipage sort de la cale avec une grande barre de fer garnie d'anneaux et de cadenas qu'il laissa tomber à mes pieds ; mon premier mouvement fut celui de la fayeur, je n'en fus pas maître ; les figures livides et sinistres de ceux qui m'entouraient ne faisaient qu'augmenter mon effroi, et la vue des fers réservée ordinairement à des criminels, fit sur moi la plus pénible impression. L'officier commandant la chaloupe me dit alors avec le plus grand flegme : « Monsieur, j'ai l'ordre de vous mettre aux fers. — Mais, pour quel motif ? — Je l'ignore, j'ai mes ordres, il faut obéir. » Au même instant, son sergent s'approche, me fait asseoir, me prend les deux pieds, et les ayant passés dans deux anneaux, il les referme avec un cadenas dont il remet la clef à son officier.

Je laisse à penser ce que je devins en ce moment et quelles tristes réflexions vinrent m'accabler, mais tout ceci n'était que le prélude des funestes événements qui m'attendaient encore et qui semblaient m'être réservés pour la première nuit que je passai sur cette chaloupe. Etendu sur le plancher, forcé de rester dans la même position, mes fers ne me permettant de faire aucun mouvement, exposé à l'injure du temps, en but aux grossièretés et aux invectives de l'équipage, telle était la triste situation où je me trouvais.

Vers la fin de la journée, l'officier commandant fit mettre près de moi un panier grossier et de l'eau. Je me voyais traité comme le dernier des esclaves ou plutôt comme un misérable, accusé des plus grands crimes, et quel était le mien ? D'avoir cherché à recouvrer ma liberté.

Qu'un prisonnier après avoir engagé sa parole d'honneur de ne point s'éloigner d'une distance qui lui est déterminée et qui d'après cet engagement jouit de sa liberté, cherche au mépris de sa parole à s'évader, je conçois alors qu'on use de sévérité à son égard ; il est blâmable ; mais celui qui se trouve victime de la violation d'une capitulation, qui n'a prêté aucun serment, et que l'on met sous la surveillance la plus sévère, qu'il cherche à rompre ses fers, il ne fait qu'user du droit accordé à tout prisonnier sous les verrous d'échapper à la surveillance de ses gardiens ; et s'il est découvert dans sa fuite, on ne doit que le ramener dans sa prison et redoubler de surveillance.

Telles étaient les sombres réflexions auxquelles je me livrais, quand j'en fus distrait par le bruit d'une barque qui s'approchait de la chaloupe où j'étais renfermé ; mais que devins-je en entendant les matelots dire à l'officier : « Nous venons d'attraper un Français qui s'échappait à la nage, nous vous l'amenons, que faut-il en faire ? — Tuez-le comme un chien », reprit vivement l'Espagnol. Un ordre aussi barbare reçut bientôt son exécution et les cris de mon malheureux compatriote m'annoncèrent son supplice. Cette horrible exécution eut lieu à mes côtés, il fut massacré à coups de fusil et de harpon. J'étais révolté de cette barbarie, tout mon corps frissonnait, je crus qu'un pareil sort m'attendait et au moindre mouvement je m'imaginais qu'on s'occupait des apprêts de mon supplice ; la nuit se passait dans ces horribles agitations, quand, au bout de quelques heures, la barque de ronde se remit en mer, et j'entendis les matelots se dire avec une joie féroce : « Allons à la chasse, peut-être sera-t-elle encore heureuse. » Leur souhait fut réalisé, car peu de moments après leur départ, des coups de fusil m'annoncèrent qu'une nouvelle victime était tombée sous leurs coups.

La nuit augmentait encore l'horreur de ma situation ; le ciel était sans nuage, les étoiles brillaient de tout leur éclat, la mer poussait faiblement ses vagues sur le rivage, on n'entendait plus que les voix des sentinelles qui se répétaient de loin en loin.

Ce calme contrastait horriblement avec l'agitation de mon cœur.

Revenus de cette seconde expédition, ces cannibales dirent, en passant près de moi : « Pourquoi ne le tuons-nous pas aussi, lui qui a voulu s'échapper ? » Je m'attendais à tout, aussi ces paroles ne firent-elles point d'impression. L'équipage dormait, moi seul ne pouvais goûter de repos ; les diverses émotions que j'avais éprouvées, les cris que j'avais entendus, le supplice dont j'avais été témoin, toutes ces scènes d'horreur se représentaient à mon esprit et me tinrent dans une agitation continuelle. Que cette nuit fut longue, que les heures s'écoulèrent lentement ! Enfin, le soleil parut et vint dissiper un peu les idées lugubres dans lesquelles j'étais plongé. Je voulus questionner mon officier sur les intructions qu'il devait avoir reçues à mon sujet, savoir de lui par quel motif on me traitait ainsi, combien de temps devait durer l'horrible position à laquelle on m'avait condamné ; mais il ne répondait, à toutes mes questions, que par ces mots : « J'ai reçu l'ordre de vous tenir aux fers, je n'en sais pas davantage. » J'eus beau lui faire des représentations sur la conduite qu'on tenait à mon égard, lui faire observer que ce genre de punition n'était réservé qu'aux matelots coupables de vol ou de quelques crimes semblables, que chez aucune nation, jamais officier prisonnier n'avait été traité de la sorte ; un sourire sardonique était sa seule réponse et il n'adoucissait en rien ma gêne. Enfin, je réclamai de sa pitié la permission d'écrire à l'amiral, pour obtenir au moins quelque éclaircissement sur cette conduite barbare, et savoir le terme de mon nouvel esclavage. Elle me fut accordée, mais soit qu'il ne fît point passer ma lettre, soit qu'il eût résolu de me laisser éternellement dans cette affreuse position, je ne reçus aucune réponse à mes lettres.

En vain je réclame, en vain j'invoque les lois et la justice, tout est sourd, je ne vois plus de termes à mes maux. Déjà quinze jours s'étaient écoulés sans que je puisse entrevoir la possibilité de sortir de cette cruelle position ; étendu sur le pont de la chaloupe, ne sortant des fers que pour satisfaire aux besoins de la nature, brûlé par les rayons du soleil, j'aurais excité la pitié du cœur le plus endurci ; mais que pouvais-je attendre des Espagnols ? Un noir de la côte d'Afrique, qui servait comme matelot à bord de cette chaloupe, fut le seul qui s'apitoyât sur mon sort ; un jour que le soleil était dans toute sa force, et qu'aucun nuage n'en interceptait les rayons, je vis ce noir s'approcher de moi, pousser un soupir, ôter son manteau et, le plaçant sur deux rames croisées, m'en faire un abri contre l'ardeur du soleil. Cette action me causa un profond attendrissement et j'oubliai mes maux pendant quelques instants.

Enfin, une circonstance, que j'étais loin de prévoir, apporta quelque adoucissement dans ma situation, et quelques jours ensuite me mit à même de rejoindre mes camarades de la frégate-hôpital. L'officier qui commandait la chaloupe où j'étais retenu avait avec lui sa famille ; la crainte de voir la

Isla de Leon tomber au pouvoir des Français lui avait fait prendre cette précaution. En cas d'événement, il eût mis à la voile et se serait réfugié dans Cadix avec tout ce qui l'entourait. Ayant remarqué, en faisant la visite de mon porte-manteau, ma boîte de couleurs et mes pinceaux, il s'était informé si les miniatures qui s'y trouvaient aussi avaient été faites par moi ; sur ma réponse affirmative, il conçut sans doute alors le projet de m'engager à faire le portrait de sa fille, jeune personne de seize à dix-sept ans, qui se trouvait avec lui sur cette chaloupe. Quelques jours avant de m'en faire la proposition, il s'était relâché de sa sévérité à mon égard ; d'après ses ordres, je n'eus plus qu'un pied dans les fers, et bientôt après j'obtins la permission de me promener librement sur la chaloupe, pendant le jour seulement. Enfin, ma liberté devint entière et ce fut alors qu'il me fit la proposition de faire le portrait de sa fille.

Espérant obtenir par là ma sortie de cette funeste chaloupe et ma rentrée à la frégate, près de mes compagnons de captivité j'accédai de suite à sa demande, mais en même temps je lui fis entendre qu'il m'était impossible de peindre sur cette chaloupe en raison du mouvement continuel que les marées lui faisaient éprouver, que s'il pouvait me faire transférer à la frégate et y venir avec sa fille, je m'empresserais de satisfaire à ses désirs. Cet arrangement parut lui convenir et aussitôt il écrit à l'amiral pour l'informer que l'officier français qui se trouve à son bord est gravement malade, et qu'il ne peut, sans compromettre la santé de son équipage le conserver plus longtemps ; il demande, en conséquence, ma translation à la frégate.

Le lendemain, je vois arriver, sur la chaloupe, un médecin espagnol qui est envoyé pour reconnaître ma position, et un mot dit par l'officier me fait effectivement reconnaître comme affecté de la maladie la plus grave. Je suis donc aussitôt conduit à l'hôpital, c'est-à-dire à la frégate qui en tenait lieu ; mais le sergent qui en avait la police ne veut pas me recevoir sans qu'on lui envoie la barre de fer qui, seule, peut le mettre à même de répondre de moi. Il fallut que tous mes camarades s'offrissent comme caution et s'engageassent solidairement pour que je pusse jouir de ma liberté ; enfin, ce sergent s'étant rendu à leurs instances, je montai à bord et me trouvai au milieu de mes compatriotes. Je me rappellerai toute ma vie le bonheur dont j'ai joui à ce moment, il me semblait en quelque sorte recouvrer ma liberté, l'horreur que m'avait inspiré ce séjour avait disparu et j'étais heureux de me retrouver avec des Français.

Je songeai alors à remplir l'engagement que j'avais contracté avec l'officier de la chaloupe sur laquelle j'avais été aux fers ; mais il me fit prévenir que la crainte de se compromettre, l'empêchait de venir à bord avec sa fille, et que je devais regarder sa demande comme non-avenue. L'évasion de quelques officiers du ponton *la Castille* avait rendu la surveillance des Espagnols beaucoup plus rigoureuse, et il était défendu, sous les peines les plus sévères, d'avoir aucune communication avec les prisonniers. J'appris même ensuite que cette circonstance avait été la cause de la rigueur dont on avait usé à mon égard. Cette évasion fut le résultat d'une entreprise tellement hardie que les détails méritent d'en être connus.

(*A Suivre.*)

RELATION DE MA CAPTIVITÉ EN ESPAGNE EN 1808, 1809, 1810

PAR

LOUIS DEMANCHE, Commissaire des Guerres

(*Suite et fin*)

IV

Il règne dans cette partie de l'Andalousie, un vent connu sous le nom de viento de Medina, qui a quelques rapports avec le mistral de la Provence et qui souffle avec une telle violence que souvent les chaloupes ne peuvent se mettre en mer. Ce vent dure trois, six, neuf, douze et quelquefois même quinze jours ; alors il produit sur les Espagnols un effet terrible, plusieurs en deviennent fous, beaucoup sont sujets à des vertiges qui leur ôtent tout à coup la raison, témoin cet ouvrier qui, travaillant à un chantier, fendit la tête d'un de ses camarades d'un coup de hache.

Ce vent venant de Medina pousse directement sur la côte de Sainte-Marie, et les embarcations traversent alors la rade avec une rapidité inconcevable. Sainte-Marie et le fort Sainte-Catherine, qui se trouvent à côté et au bord de la mer, étaient occupés par les Français.

Un officier des marins de la Garde, nommé Grivel, avait conçu le projet de profiter de ce vent, pour enlever en plein jour une des embarcations qui venaient apporter à bord l'eau pour la consommation du ponton. Il avait communiqué son plan à dix ou douze de ses amis, officiers déterminés, et deux marins de la Garde devaient avec lui diriger la manœuvre.

Aussitôt que les tonneaux pleins auraient été montés à bord, on devait, à un signal convenu, se précipiter dans la barque, jeter à la mer les Espagnols qui s'y trouvaient, Grivel s'emparer du gouvernail, les deux marins de la Garde, aidés par les autres officiers du complot, hisser la voile, et passer ainsi au milieu de toute l'escadre, en dirigeant le cap sur Sainte-Marie.

Le plan, une fois bien arrêté, chacun informé du poste qu'il devait occuper, on n'attendait plus que le vent convenable et l'embarcation désignée. Enfin, les vœux sont exaucés; le vent de Medina soufflait depuis plusieurs jours, quand on aperçoit l'embarcation qui se dirige sur le ponton. Elle arrive, les tonneaux pleins sont hissés à bord, les membres du complot se postent à l'ouverture des sabords, on n'attend plus que le signal. Il est donné ! On se précipite alors dans la chaloupe, on fait main basse sur les Espagnols, dont deux sont jetés à la mer, les deux autres se réfugient dans une petite embarcation qui était amarrée à la grande chaloupe et dont ils coupent la corde, la voile est hissée, Grivel tient le gouvernail ; au même moment, quelques officiers, étrangers au complot, mais témoins de cette scène, s'élancent dans le bâtiment, qui bientôt gagne le large et se dirige sur Sainte-Marie.

En passant près des chaloupes canonnières ennemies placées de distance en distance pour la surveillance des pontons, ils essuient une décharge de mousqueterie ; un seul homme est atteint, c'est un marin de la Garde qui était occupé à la manœuvre de la voile. Il tombe sur le coup, son camarade le remplace ; la barque fuit et traverse les vaisseaux anglais et espagnols. On détache deux chaloupes canonnières pour aller à sa poursuite, mais bientôt, se trouvant sous la protection du fort Sainte-Catherine, elle n'a plus à craindre que les boulets qui lui sont envoyés par ces chaloupes ; aucuns ne l'atteignent, le fort tire sur les embarcations anglaises et peu de moments après nos braves frères d'armes abordent à la côte : on les vit du ponton *la Castille* sortir de leur embarcation et gagner la terre, qui était pour eux la patrie, puisque les Français en étaient maîtres.

J'appris cet événement à ma sortie des fers : cette nouvelle fut pour moi une source de regrets ; si je n'avais pas quitté le ponton *la Castille*, me disais-je, j'aurais été du nombre des heureux, ils m'auraient associé à leur entreprise, ou du moins j'aurais voulu courir la même chance, et au lieu d'avoir gémi dans les fers, je serais libre à présent, et déjà j'aurais pu calmer les inquiétudes de ma famille.

A compter de cette époque, la garde espagnole, qui se trouvait à bord de chaque ponton, fut doublée, les embarcations destinées à nous apporter les vivres ou l'eau furent garnies de soldats, et un ordre du jour, placardé dans chacune de nos prisons flottantes, nous annonça que nous devenions solidairement responsables les uns des autres, que si un prisonnier tentait de s'évader et qu'il fut rattrapé, non seulement il serait pendu au grand mât du vaisseau auquel il appartiendrait, mais que deux autres Français, pris au hasard dans le ponton, seraient exécutés avec lui.

Cet ordre révoltant n'empêcha pas que, quelque temps après l'évasion dont je viens de parler, quelques officiers du même ponton *la Castille* n'entreprirent d'enlever encore, malgré les soldats qui s'y trouvaient, la barque qui amenait l'eau ; mais, cette fois, ils échouèrent dans leur entreprise et cette témérité leur coûta la vie. La garde fit feu sur eux avant qu'ils eussent pu démarrer, les Espagnols qui se trouvaient dans l'embarcation s'armèrent de leurs couteaux et massacrèrent impitoyablement ceux qui s'y étaient élancés. Ils assouvirent leur rage sur les cadavres de ces malheureux, un d'eux reçut jusqu'à vingt coups de couteau. Un prêtre espagnol, qui se trouvait ce jour-là à bord de *la Castille*, arracha des mains d'un soldat le fusil qu'il portait et donna le signal du carnage. Cette scène horrible se passa pendant que j'étais encore à la frégate qui servait d'hôpital. J'y jouissais de la liberté sous la caution de mes camarades. Enfin, au bout de quelque temps, on vint m'annoncer que l'amiral avait levé les ordres qu'il avait donnés à mon sujet et que je pouvais retourner au ponton *la Castille*. Je reçus cette nouvelle avec joie, le séjour de cette frégate devenait de plus en plus insupportable ; l'odeur cadavéreuse et putride qu'on y respirait, commençait à influer sur ma santé, et je me félicitais de rejoindre mes anciens camarades et de me réunir à la masse.

Le lendemain, je fis partie de l'évacuation qui devait avoir lieu sur le ponton *la Castille* ; à peine arrivé, je suis entouré par mes amis et pressé de questions ; on avait su ma mise aux fers, on voulut connaître tous les détails des événements qui m'étaient arrivés ; j'oubliais, en me retrouvant au milieu de mes anciens camarades, toutes les angoisses que j'avais éprouvées.

Quelques mois après ma rentrée à bord du ponton *la Castille*, nous fûmes témoins d'un de ces coups de vent d'équinoxe qui, dans ces parages, causent quelquefois des désastres épouvantables. Cette année (mois de mars 1810), ils furent inouïs. Le tempête dura cinq jours et, pendant ce temps, aucune barque ne vint à bord apporter les provisions. Tous les pontons avaient hissé les tonneaux et les marmites comme signal de détresse ; je laisse à penser ce que nous eûmes à souffrir ; la plus grande privation que nous éprouvions était celle de l'eau ; nous vécûmes sur nos réserves, mais au bout de cinq jours nos faibles provisions étaient épuisées, il était temps qu'on vint à notre secours. Les Anglais furent les premiers à nous envoyer des provisions de leurs vaisseaux.

Ce coup de vent jeta à la côte, alors occupée par les Français, trois vaisseaux de guerre, dont un à trois ponts, le *San Leandro*, vaisseau portugais, et trente à quarante bâtiments marchands, la plupart américains et chargés de marchandises. Les vaisseaux de guerre tirant plus d'eau que les bâtiments marchands échouèrent un peu plus loin de la côte que ces derniers, ce qui donna le temps aux Anglais d'en enlever les objets les plus précieux ; après quoi, ils y mirent le feu pour empêcher les Français d'en tirer parti. Quoique les poudres eussent été mouillées, quand le feu gagna la sainte-Barbe, l'explosion fit sauter les vaisseaux, la rade fut couverte de débris, et nous eûmes à ce moment le plus beau spectable, mais en même temps le plus effrayant qu'il soit possible de voir. Le feu avait été mis pendant la nuit, il gagna tous les agrès jusqu'à l'extrémité des mâts. Ce ne fut bientôt plus qu'une masse de lumière, mais quand le vaisseau éclata, il nous parut voir l'éruption d'un volcan.

Quant aux bâtiments marchands, ils tombèrent au pouvoir des Français ; la quantité de marchandises qu'on en retira fut incalculable. Chaque soldat de l'armée du maréchal Victor avait eu sa part du butin, aussi ce coup de vent fut appelé, dans l'armée, comme nous le sûmes ensuite, le vent de Perkale.

En voyant la direction que prenaient les vaisseaux démarrés et dont rien ne pouvait arrêter la course, nous faisions des vœux pour que nos câbles se rompissent ; mais nos vaisseaux, étant dégréés, offraient moins de prise au vent et chassaient moins sur leurs ancres. Si le fort Matagorda, qui se trouve à la pointe du Trocadéro, et sur la côte où les bâtiments échouaient n'eût point été occupé par les Anglais, nous aurions à ce moment coupé nos câbles et nul doute que nous n'eussions recouvré notre liberté ; mais la crainte d'être jeté sur ce fort et foudroyé par son artillerie, nous arrêta, et nous préférâmes attendre que les Français s'en fussent emparés pour exécuter le projet dont ce désastre nous avait fait naître l'idée. Nous avions encore à bord de *la Castille* quelques officiers de marine, ce projet fut discuté et mûri ; bien des officiers du bord regardaient son exécution comme impraticable et devant nous conduire à notre perte ; aussi, dès ce moment, fut-il tenu secret, ceux de nous qui s'étaient le plus fortement déclarés en sa faveur, formèrent un conseil dont les réunions se tenaient à fond de cale ; les officiers de marine reconnurent qu'après la prise du fort Matagorda, ce qui rendait toute la côte libre, on pouvait, avec un fort vent de l'ouest, une mer houleuse et la marée montante, couper les câbles, passer au milieu de l'escadre et être jeté à la côte par la seule prise du vent contre le corps du bâtiment et le courant établi par la marée. Ils fondaient l'espoir de la réussite sur ce que dans les gros temps, les canons sont ordinairement amarrés dans les vaisseaux, qu'on ne pourrait en envoyer à notre poursuite dans la crainte qu'eux-mêmes ne fussent jetés à la côte, et que, n'ayant que de simples embarcations à craindre, nous pourrions facilement empêcher l'abordage.

On calculait bien que, pendant la traversée, le feu des chaloupes canonnières nous ferait perdre du monde, mais une semblable entreprise ne pouvait s'exécuter sans qu'il y eut des victimes, et en prévoyant une perte d'un tiers, la majorité de ceux qui seraient sauvés l'emportait.

Ce projet fut donc arrêté et nous n'attendîmes plus, pour son exécution, que la prise du fort Matagorda et un vent favorable.

Le premier de nos souhaits fût bientôt rempli : au point

du jour, nous sommes réveillés par le bruit d'une vive canonnade ; en un instant, tout le monde est sur le pont, et nous apprenons que le feu part du fort Matagorda et répond à celui des Français qui en font l'attaque. Au bout de quelques heures d'un feu nourri, nous voyons les Anglais abandonner le fort, s'embarquer précipitamment et regagner leurs vaisseaux en emportant leurs morts et leurs blessés. Au même moment, nos troupes entrent dans la citadelle et le pavillon français flotte sur les murs. La vue de ce drapeau, placé si près de nous, ranima toutes nos espérances, et nous nous livrâmes à toute la joie qu'un semblable événement devait nous inspirer.

Les Français, une fois maîtres de ce fort, y amenèrent des mortiers à la Gomere, qui avaient été fondus à Séville, et bientôt nous vîmes lancer des bombes sur Cadix. Le feu qui partait des batteries obligea les vaisseaux à se retirer sous les murs de la ville et nos pontons furent placés au milieu d'eux. Le siège se poursuivit avec tant d'activité que les Espagnols crurent dès lors devoir se débarrasser de nous et nous faire passer aux colonies. Cette décision nous fut annoncée et l'état nominatif de tous les officiers avait déjà été remis pour établir l'approvisionnement qui devait être formé à bord du vaisseau chargé de nous transporter. Le *Neptune*, vaisseau français, avait été désigné pour nous recevoir, tout était prêt, on n'attendait plus que les derniers ordres pour nous y transférer.

Ce départ nous ôtait à jamais l'espérance d'être rendus à notre patrie, l'avenir se présentait à nous sous les couleurs les plus sombres, l'incertitude du sort qui nous serait réservé dans les colonies, la crainte d'être employés au travail des mines, la misère qui ne manquerait pas de nous accabler dans ces contrées éloignées, tout servait à augmenter l'effroi qu'une semblable nouvelle avait semé dans le ponton : nous n'apercevions plus de ressources que dans notre fuite, mais comment l'effectuer sans le vent convenable et quel espoir que ce vent soufflerait avant notre embarquement ?

La conduite des Espagnols à notre égard devenait de plus en plus barbare, les habitants de Cadix sortaient souvent du port pour venir insulter à notre misère ; hommes et femmes nous prodiguaient les injures les plus grossières et leur refrain était toujours : « Malditos Franceses, vos cortaron la cabesa. (Maudits Français, on vous coupera la tête.) » Plusieurs des officiers espagnols qui passaient près du ponton, firent feu sur ceux de nous qu'ils apercevaient aux sabords ; nous perdîmes, de cette manière, deux ou trois de nos camarades.

V

Enfin, nous étions en proie à toutes les angoisses de la rage et du désespoir, attendant de jour en jour l'exécution de l'ordre fatal qui détruisait toutes nos espérances et qui nous éloignait pour toujours des Français après nous en être vus si près; tous les esprits étaient abattus, la coupe du malheur semblait s'être épuisée sur nous, quand tout à coup l'horizon rembruni, des nuages amoncelés, un vent du large, le bruit de la mer et les vagues écumantes nous annoncent une tempête qui, pour nous, était le prélude d'un beau jour. Ce fut le 15 mai 1810, époque à jamais mémorable, que la Providence daigna jeter sur nous un regard de compassion et nous envoyer les présages de notre liberté.

Vers le milieu de la journée, le vent ayant augmenté de force et ayant conservé la même direction, les flots de la mer s'agitant avec violence, nous assemblâmes notre conseil, et personne autre que ceux qui s'étaient prononcés pour l'évasion à l'époque du coup de vent de l'équinoxe, ne fut prévenu; nous nous réunîmes à fond de cale, les marins que nous avions avec nous nous garantirent le succès de l'entreprise, un d'eux, le lieutenant de vaisseau Moreau, nous promit de se mettre à la tête de la manœuvre, car, quoique notre ponton fût dématé, il nous restait un gouvernail en mauvais état, il est vrai, mais qui pouvait encore nous rendre de grands services. Il fut convenu qu'à 8 heures du soir, deux heures après la marée montante, afin de l'avoir dans toute sa force, le câble serait coupé, et qu'au même moment la garde espagnole qui se trouvait à bord du ponton serait désarmée; le secret le plus profond devait être gardé, afin que les opposants ne pussent pas mettre d'obstacles à l'exécution du projet, une fois le câble coupé et le bâtiment en marche il faudrait bien alors que chacun prit part à l'événement et que tout le monde courut la même chance.

L'heure convenue tardait au gré de nos désirs, nous tremblions que le vent vînt à changer de direction, nous consultions à chaque instant le ciel et la mer. Enfin la marée monte déjà, notre ponton a le cap dirigé sur la côte, but de nos espérances, les marins donnent le signal, le câble est coupé ! Un lieutenant de marine marchande y porte le premier coup de hache; au même instant un officier de la garde de Paris, nommé Pellion, monte sur le pont, désarme le premier soldat qu'il rencontre; l'impulsion est donnée, les autres hommes de garde sont en notre pouvoir; on les fait descendre à fond de cale, à l'exception du sergent qui les commandait : on le conserve pour s'en servir au besoin; à ce moment une vive agitation se manifeste parmi les officiers, les uns voient avec effroi les dangers d'une pareille entreprise et veulent qu'on se rende à discrétion; les autres repoussent avec indignation cette insigne lâcheté, qui ne pouvait au contraire que nous conduire à notre perte; enfin l'avis général est de poursuivre l'entreprise, et on n'entend plus qu'un cri : « *Sauvons-nous, ou vendons chèrement notre vie.* »

A peine le câble fût-il coupé, que le ponton commença à se mettre en mouvement : les chaloupes canonnières qui nous entouraient s'aperçurent bientôt de l'agitation qui régnait à bord et de la marche du bâtiment ; on fait sur nous une décharge de mousqueterie, personne n'est atteint. En même temps l'officier d'une des deux chaloupes demande d'où provient ce mouvement. Le sergent espagnol est amené sur le pont et nous le forçons à répondre que le câble s'est rompu par la violence des secousses que les vagues lui faisaient éprouver. Aussitôt, prévoyant bien qu'on allait mettre en mer des chaloupes pour remorquer le ponton, nous organisons notre plan de défense. Le colonel Buquet, comme le plus élevé en grade, prend le commandement du bord et chacun obéit à ses ordres.

Les fusils provenant de la garde désarmée sont remis aux officiers les plus adroits, avec injonction de ne tirer qu'à portée et à coup sûr : il était important de ménager les cartouches, dont le nombre ne s'élevait pas à plus de 200.

Une chaîne est établie pour transporter de la cale dans les batteries, auprès de chaque sabord, les boulets et ferrailles qui formaient le lest du bâtiment, et qui devaient nous servir à empêcher l'abordage, en les faisant pleuvoir sur les chaloupes qui nous accosteraient.

Déjà le bâtiment entraîné par la marée et poussé par le vent qui n'avait de prise que sur la surface, commençait à s'éloigner des vaisseaux dont il était entouré, quand nous voyons venir à nous deux grandes chaloupes remplies de marins et de soldats. On défend de faire feu sur eux, on les laisse approcher, mais à peine nous eûrent-ils accosté que nous faisons pleuvoir sur eux toute notre mitraille : en même temps on leur lâche quelques coups de fusil; cette réception à laquelle ils ne s'attendaient pas sans doute, leur fit promptement gagner le large; ce fut le signal des hostilités : des chaloupes canonnières sont envoyées à notre poursuite, le feu commence et ne cesse plus. Le capitaine Moreau qui se trouvait sur la dunette est frappé d'un boulet, un autre officier de marine le remplace, les boulets et les balles sifflent autour de nous ; peu de personnes en sont atteintes.

Pour accélérer la marche du ponton, nous présentons au vent nos hamacs et nos couvertures; à défaut de voiles nous usons de toutes nos ressources. Ce faible secours produisit quelque effet, déjà nous avions franchi la moitié de notre course, le succès paraissait devoir couronner notre entreprise, quand tout à coup le vent cesse et le ponton s'arrête. Notre situation alors devint affreuse, notre perte semblait certaine; la crainte d'être entraîné par le courant, qui va de la rade dans la baie et d'être jeté sous le fort du Puntales, augmente l'effroi. Des bombes tombent à bord du bâtiments et y mettent le feu ; chacun travaille à l'éteindre, le péril augmente, tous les esprits sont abattus. Mais bientôt un grain épouvantable vient fondre sur nous; les éclairs sillonnent les nues; le tonnerre gronde, la tempête devient notre salut, le bâtiment reprend sa marche, nous sommes sauvés !

Au même moment, quelques officiers, bons nageurs, proposent de se rendre à terre et de prévenir le maréchal Victor de l'évasion du ponton; ne devant échouer qu'à une certaine distance de la côte il était important d'être protégé par le feu de nos batteries et d'empêcher que les chaloupes canonnières ne pussent se placer entre nous et la terre. Le bâtiment tirait 16 pieds d'eau, la marée descendait à cette époque de 10, nous avions calculé qu'à 6 pieds d'eau tout le monde pourrait se sauver à l'aide de radeaux qu'on formerait avec les planches du ponton, et une fois sous la protection de nos batteries il nous semblait ne plus avoir rien à craindre.

Pour être certain de l'arrivée à terre de ces officiers, on leur recommande de faire tirer un coup de fusil par le premier factionnaire qu'ils rencontreront; ils se mettent à la mer, la marée les pousse à la côte, nous les suivons quelque temps des yeux, mais bientôt nous les perdons de vue, et une demi-heure après leur départ la lumière d'un coup de fusil nous annonce leur arrivée. Cette certitude ranime toutes nos espérances, déjà nous touchons au terme de notre course, les marins jettent la sonde et nous annoncent que bientôt nous allons échouer; le bâtiment n'étant point poussé avec assez de force pour s'engraver au point de résister à la marée descendante, il était à craindre que le reflux nous remmenât; le hasard veut qu'il se trouve encore à fond de cale une petite ancre; aussitôt on rassemble tous les vieux bouts de corde, on en forme un câble, et dès que le bâtiment a touché nous jetons l'ancre : il était minuit environ, le feu des chaloupes canonnières ne se ralentissait pas et cependant il nous fallait encore rester 4 à 5 heures dans cette position et attendre que la marée fût descendue pour pouvoir gagner la terre soit à la nage, soit à l'aide de tonneaux vides et de planches.

Les femmes que nous avions à bord montrèrent dans cette circonstance un courage surprenant; les boulets ne les intimidaient point, l'espoir de recouvrer la liberté leur faisait oublier le danger, elles n'étaient occupées qu'à secourir les blessés et à rassurer leurs enfants. La jeune femme dont j'ai parlé plus haut et qui était accouchée à bord de la frégate hôpital, donnait tranquillement le sein à son enfant et le bruit du canon ne la faisait pas sourciller.

Pendant ce temps les boulets traversaient le ponton; quelques-uns de nous en furent atteints et périrent au moment de recouvrer leur liberté; d'autres furent blessés par des éclats de bombe; néanmoins notre perte fut peu considérable, nous avions calculé sur une beaucoup plus forte. Enfin la marée descendante commençait à toucher à sa fin, déjà nous apercevions les batteries françaises répondre au feu des forts de la ville et des chaloupes canonnières; le soleil paraissait et nous faisait découvrir des pelotons de troupes qui s'avançaient vers la côte afin de protéger notre débarquement; des pièces d'artillerie se dirigeaient sur différents points pour empêcher les chaloupes canonnières ennemies de nous serrer de trop près. Déjà quelques-uns de nous s'étaient jetés à la mer et étaient parvenus, malgré l'agitation des vagues, à gagner la terre ; d'autres, entraînés par le courant, luttaient contre la mort, leurs cris de détresse nous annonçaient leur perte; les boulets qui tombaient à bord augmentaient à chaque instant le danger; enfin, dès que la mer fut étale, on y jeta tout ce qui pouvait servir de soutien. Chacun cherche à gagner le rivage : les uns se mettent sur une malle fermée, d'autres sur des tonneaux vides, on travaille à la hâte pour former des radeaux.

Pressé de recouvrer au plus tôt ma chère liberté, encouragé par ceux que je voyais à l'autre rive, je me lance à la mer après avoir quitté mes vêtements; un mouchoir passé autour de mon cou renfermé un portefeuille qui contient mes papiers les plus importants. A peine ai-je quitté le ponton, que je me sens enfoncé par un grand escalier de bord qu'on jetait au même moment pour servir de radeau, je disparais; mes camarades me croient tué; je reviens sur l'eau; affaibli par la douleur de cette chute, je ne me sens plus la force de lutter contre les vagues; je veux remonter à bord et, ne pouvant y parvenir, je me mets à la nage. Près d'arriver à la côte, mes forces m'abandonnent; la vue de mes camarades sauvés ranime un instant mon courage; je redouble d'efforts, mais les vagues qui à tout moment me passent par-dessus la tête, me font perdre la respiration; l'eau de mer que j'avale me cause un mal affreux; ma tête se perd, je ne vois plus que la mort à laquelle il me semble impossible d'échapper. J'appelle au secours, ma voix s'éteint, une réflexion m'accable, c'est le souvenir de ma mère; déjà le sacrifice de ma vie était fait, ma vue se troublait, j'éprouvais toutes les angoisses de la mort, et cette mort me semblait plus terrible après m'être vu si près du bonheur; quand tout à coup je me sens enlevé et poussé vers la plage : un de mes amis, le brave Tandeau, officier de cuirassiers, avait reconnu ma voix, déjà il était sauvé, mais il s'était remis à la mer pour venir m'arracher à la mort; il me dépose sur le sable, j'étais sans connaisance.

Mais bientôt de violents vomissements me font rendre l'eau de mer que j'avais avalée, mes yeux s'ouvrent, je me jette au cou de mon libérateur; je baise ensuite cette terre après laquelle nous avions tant soupiré et l'excès de la joie, cette transition subite de la mort à la vie me causèrent une émotion qu'il est impossible de rendre. Mais un nouveau danger nous force à nous éloigner de la côte, les boulets tombent autour de nous, nous nous retirons alors derrière nos batteries et de là nous gagnons Puerto Real.

Nous rencontrons sur la route une foule d'officiers du corps d'armée qui se rendaient au bord de la mer. Nous recevons les félicitations de chacun d'eux, il semblait que nous fussions en famille; témoins de nos souffrances, ils partageaient notre allégresse. Enfin, dans un état de nudité complète nous entrons dans Puerto-Real ; chacun s'empresse, c'est à qui nous recevra. Un de mes anciens camarades m'emmène chez lui; l'accueil que j'en reçois me fait bientôt oublier le danger que j'ai couru, un frère n'eut pas eu pour moi plus d'attention : chacun de nous reçoit le même témoignage d'intérêt, c'est un souvenir bien doux et qui ne s'effacera jamais de ma mémoire.

Pendant ce temps, les embarcations que le maréchal Victor avait envoyé chercher en poste à Chiclana et à Santa-Maria, arrivaient sur le point de débarquement; déjà le maréchal et tout son état-major s'y étaient rendus; les chaloupes sont mises en mer; les premières amenèrent les femmes et les enfants qui se trouvaient à bord ; les autres se suivant sans interruption, c'est à qui s'y précipitera. L'ordre s'établit enfin, et le retour de chaque barque est signalé par des cris d'allégresse : le maréchal et la majeure partie de ses officiers entrent dans la mer jusqu'à mi-corps, chacun aidait au débarquement; enfin, à 2 heures de l'après-midi le ponton est entièrement évacué. Une chose incroyable, c'est que les boulets que les forts de la ville lançaient sur la plage n'atteignirent personne. Il semblait que la Providence veillait sur nous et eût dirigé notre ponton au milieu de tous les écueils dont il était entouré; notre perte ne s'éleva pas à plus de 30 personnes; dans le nombre il y en eut autant de noyées que tuées par le feu de l'ennemi.

Le 16 mai 1810 est devenu pour chacun de nous l'époque la plus mémorable de notre vie, puisque c'est dans cette journée, qu'après 23 mois de captivité, à la veille d'être emmenés dans un autre hémisphère et perdus pour notre patrie, nous avons enfin recouvré la liberté, après avoir souffert tous les maux imaginables pendant 18 mois de séjour sur le ponton *La Castille.*

Fait à Weissembourg en 1818.

SOUVENIRS D'UN CHASSEUR A PIED

par le Commandant REVOL

(*Suite*)

Le général Marey-Monge (1) vint prendre le commandement de ces troupes réunies, qui s'acheminèrent vers les vastes solitudes du Sahara algérien. Chaque jour, la cavalerie nous précédait de quelques heures, éclairant au loin notre marche, et allant à la découverte du bois et surtout de l'eau.

La colonne parvint en huit jours à l'Oued-Taguin, et campa sur l'emplacement où six mois auparavant s'étalaient les tentes de la Smalah, prise par le duc d'Aumale. L'Oued-Taguin, comme tous les cours d'eau du Sud, se révèle plutôt qu'il n'apparaît. La fraîcheur relative de la terre et la nature de la végétation indiquent à la surface du sol la ligne que parcourt la rivière, qui se trouve à une profondeur variable. Par intervalles, elle semble jaillir de terre, forme une nappe d'eau plus ou moins étendue, puis disparaît de nouveau pendant plusieurs lieues. Souvent, en été, la nappe d'eau elle-même cesse d'exister à la surface, et l'on est obligé de creuser des puits. Ce sont ces puits qui marquent les étapes dans le Sud. Ils se trouvent à des distances très inégales les unes des autres. Cette circonstance nous obligeait assez souvent à faire huit ou neuf lieues par jour, tandis que quelquefois nous ne parcourions que trois ou quatre lieues. Les tribus nomades du Sud, qui, à cette époque de l'année se trouvaient encore dans ces contrées, s'empressaient de venir à nous en fidèles alliés. Nous rencontrions chaque jour leurs familles errantes conduisant de nombreux troupeaux de pâturage en pâturage.

Les femmes du Sud. — Les femmes des pasteurs n'étaient pas voilées ; elles avaient le teint bruni par le hâle, le front,

---

(1) Le général Marey-Monge, comte de Peluze, ne quitta pas l'Algérie de 1830 à 1848. Il y fut blessé deux fois et cité huit fois. Nommé général de division, il fut gouverneur général de l'Algérie par intérim, du 20 juin au 24 septembre 1848, date à laquelle il rentra en France. Passé dans le cadre de réserve en 1861, sénateur le 7 juin 1863, il mourut le 15 juin suivant.

www.ingramcontent.com/pod-product-compliance
Ingram Content Group UK Ltd.
Pitfield, Milton Keynes, MK11 3LW, UK
UKHW022148170726
13837UKWH00004B/1856

9 782329 180731